Loi du 25 Mars 1896

SUR

LES DROITS DES ENFANTS NATURELS

Dans la succession des parents qui les ont reconnus et sur la dévolution de la succession des enfants naturels

PAR

A. VIGIÉ

Doyen de la Faculté de droit de Montpellier.

Extrait de la REVUE CRITIQUE DE LÉGISLATION ET DE JURISPRUDENCE.

PARIS

LIBRAIRIE COTILLON

F. PICHON, SUCCESSEUR, IMPRIMEUR-ÉDITEUR,

Libraire du Conseil d'État et de la Société de législation comparée

24, RUE SOUFFLOT, 24.

1896

Loi du 25 Mars 1896

SUR

LES DROITS DES ENFANTS NATURELS

Dans la succession des parents qui les ont reconnus et sur la dévolution de la succession des enfants naturels

PAR

A. VIGIÉ

Doyen de la Faculté de droit de Montpellier.

Extrait de la REVUE CRITIQUE DE LÉGISLATION ET DE JURISPRUDENCE.

PARIS

LIBRAIRIE COTILLON

F. PICHON, SUCCESSEUR, IMPRIMEUR-ÉDITEUR,

Librairie du Conseil d'État et de la Société de législation comparée

24, RUE SOUFFLOT, 24.

—

1896

Loi du 25 mars 1896, sur les droits des enfants naturels dans la succession des parents qui les ont reconnus, et sur la dévolution de la succession des enfants naturels.

La loi que la Chambre vient de voter, et qui apporte de si grandes modifications à notre régime successoral, présente cette particularité que son vote à la Chambre des députés n'a donné lieu à aucune discussion, ni en première, ni en deuxième délibération (1).

Le point de départ de cette loi est une proposition de MM. Letellier, Jullien et Rivet, acceptée par la Chambre des députés dans sa séance du 21 juillet 1893 (*Journal off.*, du 22 juillet 1893) et fortement amendée, sur quelques points, par le Sénat; elle a été définitivement acceptée par la Chambre des députés sans modification et sans discussion, et a été promulguée le 25 mars 1896 (2).

(1) Cette circonstance a été très vivement relevée par M. Demôle devant le Sénat, dans la séance du 18 mars 1895, p. 197 (Compte rendu du Sénat) « ... J'ai bien envie de vous indiquer tout de suite que cette proposition « due à l'initiative parlementaire, qui touche à des intérêts si sérieux, si « respectables, qui va nécessairement faire devant le Sénat l'objet d'un « examen approfondi, n'a donné lieu à la Chambre des députés à aucune « espèce de discussion. On l'a votée comme un projet de loi d'intérêt local. »

Comp. Séances de la Chambre des députés : séances du 10 mai 1893, du 21 juillet 1893. Première délibération. — La Chambre des députés a aussi, sans discussion, accepté le projet de loi voté par le Sénat. Séance du 23 mars 1896.

(2) Travaux préparatoires de la loi : Projet Letellier, Jullien et Rivet (*Journ. off. Docum. parlem.*, 1891, n° 459), rapport sur la proposition (*Journ. off.*, 1891, n° 1733), Chambre des députés, discussion, première délibération, 10 mai 1893; deuxième délibération, 21 juillet 1893. Sénat : Dépôt d'une proposition Naquet (*Journ. off.*, 26 janvier 1894), d'une proposition Demôle et Tolain (*Journ. off.*, 13 février 1894). Discussion au Sénat, première délibération, séances du 18 mars 1895 et suivantes; deuxième délibération, 21 juin 1895, rapport de M. Dauphin, sénateur, session ord. 1894, annexe n° 8. *Docum. parlem. du Journal officiel*. Chambre des députés : Première délibération, 5 mars 1896; deuxième délibération, 23 mars 1896.

Cette loi modifie sur plusieurs points importants notre Code civil; elle mérite d'attirer notre attention et nous avons pensé qu'il était utile pour les lecteurs de la *Revue* d'en avoir le texte et le commentaire.

§ 1er. — EN QUELLE QUALITÉ LES PARENTS NATURELS VIENNENT-ILS RECUEILLIR LEURS DROITS HÉRÉDITAIRES?

Le Code civil avait distingué les successeurs en deux grandes classes : les *héritiers légitimes* et les *successeurs irréguliers*.

Les premiers étaient les parents du défunt dont la vocation héréditaire reposait sur la parenté par mariage. Seuls, ils jouissaient du privilège de la Saisine. Les successeurs irréguliers, *parents naturels, conjoint survivant, État*, n'avaient pas la Saisine, et devaient demander l'envoi en possession des biens.

La loi nouvelle classe parmi les héritiers légitimes les parents naturels, appelés à la succession; assimilés aux héritiers légitimes, ils auront, comme ceux-ci, la saisine héréditaire : de là les modifications des art. 723 et 724 (C. civ.). « *La loi règle* l'ordre de succéder entre les héritiers légitimes et les héritiers « naturels; à leur défaut, les biens passent à l'époux survivant, et, « s'il n'y en a pas, à l'État. »

Art. 724. — « Les héritiers légitimes et les héritiers naturels « sont saisis de plein droit des biens, droits et actions du défunt, « sous l'obligation d'acquitter toutes les charges de la succession. « L'époux survivant et l'État doivent se faire envoyer en possession. »

Cette réforme simplifie les relations des héritiers naturels avec les héritiers légitimes et mérite toute approbation ; la saisine, donnée aux héritiers naturels, est en rapport avec les droits étendus que leur reconnaît, à titre héréditaire, la loi nouvelle. Il n'y aura plus comme héritier irrégulier que le conjoint survivant et l'État: ceux-ci ne sont appelés à la succession qu'à défaut d'héritiers légitimes. Les formalités de l'envoi en possession sont une garantie pour les héritiers légitimes, inconnus, qui pourraient venir dans la suite réclamer l'hérédité.

La loi nouvelle appelant les enfants naturels à recueillir la succession de leurs père et mère, à cause de la filiation qui les rattaché à ceux-ci, fait disparaître une règle fort rigoureuse de notre droit fiscal, et soumet aux mêmes obligations fiscales, les enfants légitimes et les enfants naturels : c'est l'objet de l'art. 8 de notre loi « l'art. 53 de la loi des 28 avril-4 mai 1816, est modifié ainsi « qu'il suit : l'enfant naturel légalement reconnu, appelé à la « succession *ab intestat* ou testamentaire de son auteur, sera con- « sidéré, quant à la quotité du droit, comme enfant légitime. »

§ 2. — QUELS SONT LES DROITS HÉRÉDITAIRES DES PARENTS NATURELS?

a) *Enfants naturels du* de cujus.

La loi nouvelle, confirmant les principes du Code civil décide, dans les art. 756 et 757, C. civ., que les enfants naturels n'ont de droit sur les biens de leurs père ou mère décédés que lorsqu'ils ont été légalement reconnus, et qu'ils n'ont aucun droit sur le biens des parents de leurs père et mère. La parenté naturelle, résultat de la reconnaissance, est une parenté qui n'unit l'enfant reconnu qu'au père ou à la mère, de qui la reconnaissance émane, sans créer de liens entre l'enfant reconnu et les parents de ses père et mère. D'après la loi nouvelle, les droits de l'enfant naturel reconnu varient suivant la qualité des parents du *de cujus* avec lesquels l'enfant naturel vient à la succession : c'est le principe du Code civil; mais, la quotité des droits de l'enfant naturel a été fort augmentée d'après les distinctions suivantes :

Art. 758. — « Le droit héréditaire de l'enfant naturel dans la « succession de ses père et mère est fixé ainsi qu'il suit : Si le « père ou la mère a laissé des descendants légitimes, ce droit est « de la moitié de la portion héréditaire qu'il aurait eue, s'il eût « été légitime. »

Ce texte élève la quotité des droits de l'enfant naturel, en concours avec des enfants légitimes, du tiers à la moitié.

Qu'il y ait un enfant naturel, qu'il y en ait plusieurs (1), on

(1) Il n'est pas besoin de rappeler les divers systèmes proposés, pour la détermination des droits des enfants naturels, au cas où il y en a plusieurs (Comp. Aubry et Rau, § 605, note 9). La Chambre des députés avait résolu formellement la difficulté en proposant un mode de calcul particulier. M. Dauphin, en présente la critique dans son rapport et ajoute : « Votre

partagera la succession comme si chaque enfant naturel était légitime, et on attribuera à chacun de ceux-ci la moitié de la part qu'il aurait eue s'il eût été légitime. Les enfants légitimes se partageront également entre eux les portions enlevées aux enfants naturels.

Art. 759. — « Le droit est des trois quarts lorsque les père et « mère ne laissent pas de descendants, mais bien des ascendants « ou des frères et sœurs, ou des descendants légitimes de frères ou « sœurs. »

Le nouveau texte, rapproché du deuxième paragraphe de l'ancien art. 757, C. civ., provoque une double observation : 1° Le législateur met sur la même ligne les descendants légitimes des frères et sœurs et les frères et sœurs, et se rattache ainsi à l'opinion qui avait été acceptée par une partie de la doctrine et que la jurisprudence avait rejetée (1). La question ne se posera plus aujourd'hui ; il suffira que l'enfant naturel se trouve en présence d'un héritier quelconque du second ordre (*ascendants*, *frères et sœurs* ou *descendants d'eux*), pour que ses droits ne soient que des trois quarts de ce qu'il aurait eu, s'il eût été légitime.

2° D'après le Code civil, dans cette hypothèse, les droits de l'enfant naturel n'étaient que de la moitié : ils sont par la loi nouvelle portés aux trois quarts et le quart recueilli par les héritiers légitimes se partagera entre eux suivant les règles de la succession *ab intestat*.

« Art. 760. — *L'enfant naturel a droit à la totalité des biens, lorsque ses père ou mère ne laissent ni descendants, ni ascendants, ni frères ou sœurs, ni descendants légitimes de frères ou sœurs.* »

Aux termes de l'ancien art. 758 (C. civ.), l'enfant naturel n'a-

« commission n'a point tenté de substituer un autre calcul à celui qu'elle « repousse, ni de codifier celui que la jurisprudence et la pratique ont « adopté. Sur ce point, comme sur beaucoup d'autres, elle a admis comme « certains, les résultats acquis. »

Donc, qu'il y ait un enfant naturel ou plusieurs, on procédera de la même façon, en les considérant tous comme s'ils étaient légitimes, et on prendra la moitié de leurs parts.

(1) Cass. civ. 2 mai 1888, *Sir.* 88, 1, 217 et suiv., et jurisprudence antérieure.

vait droit à la totalité de la succession, que si ses père ou mère ne laissaient aucun parent au degré successible. Mais en présence de collatéraux, l'enfant naturel recueillait les trois quarts de ce qu'il aurait eu, s'il eût été légitime.

En résumé, la loi nouvelle accorde à l'enfant naturel reconnu des droits étendus dans la succession de ses père et mère.

I. S'il est en concours avec des enfants légitimes, l'enfant naturel aura la moitié de la part qu'il aurait eue, s'il eût été légitime (le Code dans le même cas ne lui donnait que le tiers).

Devant le Sénat, M. Demôle a soutenu que, dans la dévolution de la succession des père et mère qui l'avaient reconnu, l'enfant naturel devait avoir les mêmes droits que l'enfant légitime; que les droits de l'un et de l'autre étaient de même nature, puisqu'ils reposaient sur la filiation, et qu'il paraissait juste de les mettre sur la même ligne.

Cette thèse absolue a été combattue et par le rapporteur M. Dauphin et par M. le Garde des sceaux Trarieux : « La question « des enfants naturels, traitée dans nos Codes, est de la plus haute « importance. Sans doute, il est possible que nous trouvions dans « sa solution des rigueurs excessives; que ces rigueurs puissent « être adoucies; mais nous demander d'assimiler la situation des « enfants naturels à celle des enfants légitimes, de faire aux en- « fants naturels, dans la famille française, une situation égale, « identique, à celle des enfants légitimes, c'est *ipso facto* mettre « en cause l'institution même du mariage, car il saute aux yeux « que du jour où les enfants naturels auraient, au foyer de leurs « parents et dans l'ordre héréditaire, une place égale à celle des « enfants légitimes, il n'y aurait plus entre l'union libre et le ma- « riage que l'épaisseur d'un parchemin. » Discours de M. Trarieux au Sénat, séance du 18 mars 1895.

La famille eût été, en effet, compromise dans sa base, et profondément troublée dans son existence, si on avait placé sur la même ligne les enfants légitimes et les enfants naturels et que l'on eût donné aux uns et aux autres des droits égaux en quotité.

II. Si les père et mère qui ont reconnu l'enfant naturel ne laissent pas à leur décès d'enfants légitimes, quels sont les droits de l'enfant naturel?

On a soutenu au Sénat (discours de M. Demôle, de M. Trarieux, de M. Bernard et de M. Tillaye) que l'enfant naturel, rattaché à ses père et mère par la filiation, avait un titre héréditaire qui le rendait préférable à tous les autres parents de ses père et mère. Les uns soutenaient que la succession tout entière devait lui appartenir (Demôle), en reconnaissant cependant que les ascendants des père et mère de l'enfant naturel, vis-à-vis desquels ceux-ci ont des devoirs particuliers à remplir, auraient droit à un usufruit de la moitié des biens : c'était là la disposition du projet accepté par la Chambre des députés : « Lorsqu'il n'y aura « pas de descendants légitimes, mais seulement un ou plusieurs « ascendants, l'enfant naturel légalement reconnu aura droit à la « moitié de la succession en toute propriété et à la nue-propriété « de l'autre moitié. Le ou les ascendants auront, dans tous les cas, « nonobstant toute disposition entre-vifs ou testamentaire, droit à « l'usufruit de cette seconde moitié. »

D'autres acceptaient que les ascendants eussent un droit en propriété (un quart) à titre de réserve. D'autres enfin admettaient que les enfants naturels devaient concourir avec les frères et sœurs de leurs père et mère.

M. Dauphin rapporteur a fait triompher le système tout différent de la commission : celle-ci a pensé que, s'il fallait améliorer la position de l'enfant naturel, il ne fallait pas tout à fait oublier la famille légitime des père et mère, et, faisant un choix entre les parents de ces derniers, et, suivant le Code civil et son système dévolutif de la succession, elle a décidé que l'enfant naturel n'aurait que les trois quarts de l'hérédité, s'il était en présence des ascendants, frères et sœurs et descendants de frères et sœurs, du père qui l'a reconnu et qu'en présence de parents collatéraux plus éloignés, il aurait *ab intestat* la totalité de la succession.

Cette solution, acceptée par le Sénat, concilie d'une manière très heureuse les droits de l'enfant naturel et les droits de la famille légitime.

Ajoutons une observation importante : ces dispositions ne sont faites qu'en vue de la succession *ab intestat* et elles peuvent être modifiées par les père et mère de l'enfant naturel, au moyen de libéralités.

En premier lieu, le père peut, s'il le veut, dans les limites du disponible, faire des libéralités à ses parents que la présence de l'enfant naturel exclut de la succession (*collatéraux*) ou dont elle restreint les droits (*descendants, ascendants* et *collatéraux privilégiés*).

En second lieu, suivant des distinctions que nous étudierons bientôt, le père de famille, qui trouve que la situation faite à son enfant naturel reconnu par les règles de la succession *ab intestat*, n'est pas suffisante, peut augmenter les droits de l'enfant naturel par des libéralités imputables sur le disponible.

Pour l'application des art. 758 et 759, les termes de la loi « si le père ou la mère a laissé des descendants légitimes... » doivent s'entendre en ce sens, que ces parents viendront à la succession : si donc, ils renoncent, sont indignes, les droits de l'enfant naturel s'établissent, eu égard à la qualité des parents avec lesquels, en fait, il a à partager la succession (Comp. Aubry et Rau, § 605, note 15 et les autorités citées).

Tels sont les droits des enfants naturels, dans la succession de leurs père ou mère; leur situation est bien améliorée, si on la compare à celle que leur faisait le Code civil. La loi nouvelle constitue, à notre avis, une modification heureuse de notre législation; elle concilie heureusement les droits de la famille légitime et les droits de l'enfant naturel; elle mérite notre approbation. Elle produira un double résultat : elle rendra, dans la pratique, et dans la plupart des cas, complètement inutile l'adoption des enfants naturels, par leur père ou mère, adoption que beaucoup d'auteurs considéraient, avec raison, comme contraire aux dispositions de notre législation, bien que la pratique l'eût acceptée.

Elle poussera les parents à la reconnaissance des enfants naturels. Dans le système rigoureux du Code civil, les parents étaient souvent détournés de ce devoir, par la situation que notre législation faisait aux enfants naturels reconnus. En présence des textes nouveaux et des pouvoirs conférés au père de famille par le nouvel art. 908 (C. civ.), la reconnaissance ne présente plus que des avantages pour l'enfant naturel qui en est l'objet.

Art. 761. — « En cas de prédécès des enfants naturels, leurs

« enfants et descendants peuvent réclamer les droits fixés par les « articles précédents. » Ce principe avait déjà été posé par le Code civil (ancien art. 760).

b) *Succession de l'enfant naturel.*

Art. 765. — « La succession de l'enfant naturel décédé sans « postérité est dévolue au père et à la mère qui l'a reconnu, ou « par moitié à tous les deux, s'il a été reconnu par les deux. »

« Art. 766. — « En cas de prédécès des père et mère de l'en- « fant naturel décédé sans postérité, les biens qu'ils en avaient « reçus passent aux frères et sœurs légitimes, s'ils se retrouvent « en nature dans la succession ; les actions en reprise, s'il en « existe, ou le prix des biens aliénés, s'il est encore dû, retour- « nent également aux frères et sœurs légitimes. Tous les autres « biens passent aux frères et sœurs naturels ou à leurs descen- « dants. »

Ces articles reproduisent les termes et les principes acceptés par le Code civil : il suffit d'ajouter qu'il faut en combiner les dispositions avec la loi nouvelle sur les droits du conjoint survivant : et partant si l'enfant naturel, décédé dans les conditions des articles 765 et 766 (C. civ.), laisse son conjoint survivant : celui-ci a droit à l'usufruit de la moitié des biens; usufruit qui grève la succession *ab intestat* et vient restreindre les droits des héritiers de l'enfant naturel.

§ 3. — DANS QUELLES LIMITES LES DROITS *ab intestat* DE L'ENFANT NATUREL DANS LA SUCCESSION DE SES PÈRE ET MÈRE PEUVENT-ILS ÊTRE DIMINUÉS OU AUGMENTÉS ?

1° Le père ou la mère qui ont reconnu un enfant naturel peuvent-ils disposer à son profit, au delà de la part héréditaire fixée par la loi?

Sur ce point le Code civil contenait une disposition fort rigoureuse ainsi conçue : Ancien art. 908 (C. civ.), « *Les enfants natu-* « *rels ne peuvent, par une donation entre-vifs ou par testament,* « *rien recevoir au delà de ce qui leur est accordé au titre des* « *successions.* »

Donc, d'après le Code civil, il y avait impossibilité pour les père et mère de disposer, au profit de l'enfant naturel reconnu, soit par donation entre-vifs, soit par testament, d'une quotité supérieure à celle qui leur était accordée au titre *des successions*.

D'après la loi nouvelle, la règle n'est plus la même, et suivant l'art. 908 modifié, il faut distinguer entre les dispositions faites par donation entre-vifs ou par testament.

a) *Libéralités testamentaires.*

Art. 908, 2e alin. — « Le père ou la mère qui les ont reconnus « pourront leur léguer tout ou partie de la quotité disponible, « sans toutefois qu'en aucun cas, lorsqu'ils se trouvent en con- « cours avec des descendants légitimes, un enfant naturel puisse « recevoir plus qu'une part d'enfant légitime le moins prenant. »

Il résulte de ce texte : 1° Que si l'enfant naturel reconnu est en concours avec des frères et sœurs légitimes du *de cujus*, ou des descendants légitimes de ceux-ci, il peut recevoir par legs toute la succession : attendu que n'étant pas en présence d'héritiers à réserve, toute la succession est disponible;

2° Si l'enfant naturel reconnu est en présence d'ascendants, sa part héréditaire peut-elle être augmentée par des dispositions testamentaires?

Le principe subsiste, que l'on peut disposer par testament, au profit de l'enfant naturel, de tout ou portion du disponible.

Quel est donc le disponible ici, et les ascendants ont-ils une réserve? La loi nouvelle, prévoyant l'hypothèse dans l'art. 915 modifié, a fixé la réserve des ascendants, en concours avec un ou plusieurs enfants naturels, à un huitième de la succession : donc dans ce cas, par testament, on peut léguer à l'enfant naturel ou aux enfants naturels les 7/8 de l'hérédité;

3° Si l'enfant naturel reconnu est en présence d'enfants légitimes du *de cujus*, sa part héréditaire peut être augmentée par des libéralités testamentaires sans que la part de l'enfant naturel ainsi avantagé puisse être supérieure à la part d'un enfant légitime le moins prenant. D'où suivent les conséquences suivantes :

A. En donnant à un étranger le disponible de l'art. 913 (C. civ.) (1/3, 1/4, suivant le nombre des enfants), on peut, par des dispositions testamentaires, donner à l'enfant naturel la moitié des droits qu'il aurait eus s'il eût été légitime, et que sa qualité d'enfant naturel lui fait perdre : l'enfant naturel aura alors la même quotité que les enfants légitimes, et la disposition de l'art. 908 (C. civ.) sera respectée ;

B. On peut, par des dispositions testamentaires, conférer à l'enfant naturel reconnu, les mêmes droits qu'aux enfants légitimes, en lui donnant spécialement : *a*) la portion de la part héréditaire que la loi lui enlevait à titre d'enfant naturel ; et *b*) en léguant à tous les enfants, légitimes et naturels, par égales portions, le disponible de l'art. 913 (C. civ.). Dans ce cas, le père de famille ne lègue à l'enfant naturel que des biens disponibles, et ses droits ne sont pas plus élevés que ceux de l'enfant légitime le moins prenant (art. 908, C. civ.). Le père de famille n'a pas dépassé ses droits.

b) *Libéralités par donations entre-vifs.*

Art. 908. — « Les enfants naturels, légalement reconnus, ne « pourront rien recevoir par donations entre-vifs au delà de ce « qui leur est accordé au titre des successions. Cette incapacité ne « pourra être invoquée que par les descendants du donateur, par « ses ascendants, par ses frères et sœurs et les descendants légi- « times de ses frères et sœurs. »

Le législateur fait ici une distinction, entre la donation entre-vifs et le testament : par ce dernier, on peut disposer au profit de l'enfant naturel de tout ou portion du disponible, on ne peut pas le faire par donation. Voici comment M. Dauphin, dans son rapport au Sénat, justifie cette solution. Après avoir justifié l'abrogation de l'ancien art. 908 (C. civ.), qui voyait dans les droits héréditaires de l'enfant naturel le maximum des droits qui pouvaient lui être conférés, il ajoute : « La Chambre des députés n'a pas « cependant été jusqu'à autoriser toutes sortes de libéralités. Se « méfiant avec raison des influences passagères des commerces « illégitimes, elle a défendu les donations entre-vifs, à cause de « leur irrévocabilité. » Et sanctionnant ces motifs, le Sénat, comme la Chambre des députés, a accepté l'art. 908 (C. civ.) tel qu'il a été rapporté plus haut.

La solution acceptée nous paraît illogique, non justifiée, et arriver à des résultats inadmissibles.

On invoque, pour la justifier, l'*influence passagère des commerces illégitimes*. A ce point de vue, puisqu'on permet le testament, n'est-il pas illogique de défendre les donations entre-vifs? Le testament, on s'y décide facilement parce que le dépouillement qu'il entraîne, le disposant n'aura pas à en souffrir. La donation entre-vifs est moins fréquente, parce que le disposant se défend contre un acte qui doit immédiatement le dépouiller.

Etait-il donc nécessaire de protéger l'ascendant contre un acte auquel il ne se résoudra que fort rarement?

La solution de l'art. 908 (C. civ.) présente un inconvénient théorique en créant une différence en ce qui touche la faculté de disposer, pour une personne capable, entre le testament et la donation.

Elle méconnait les droits de l'enfant naturel proclamé héritier légitime et ne protège pas les ascendants, les seuls que l'on voulait protéger.

Elle méconnaît les droits de l'enfant naturel : on a voulu, sauf la quotité de ses droits, faire de l'enfant naturel un héritier légitime : or ceux-ci peuvent recevoir ou des libéralités entre-vifs en avancement d'hoirie, dont ils effectuent le rapport, ou des libéralités préciputaires qui s'imputent sur le disponible. N'est-il pas étrange que ces libéralités préciputaires puissent être faites par testament et pas par donation?

A-t-on voulu, en le décidant ainsi, protéger l'ascendant contre les conséquences de la libéralité et de son irrévocabilité? Mais à ce point de vue on peut dire que la loi nouvelle a manqué son but.

Remarquons en effet que la donation entre-vifs, au profit de l'enfant naturel, par les parents qui l'ont reconnu, n'est pas interdite d'une manière absolue : elle ne l'est que tout autant qu'elle dépasse la part qui leur est attribuée au titre des Successions : d'où il résulte que la donation en avancement d'hoirie, dans les limites de la part héréditaire, est parfaitement valable.

Ce qui est interdit, c'est la Donation par Préciput. Or, comme l'on ne saura si la donation entre-vifs dépasse ou non la part héréditaire, qu'après l'ouverture de la succession du donateur, il s'ensuit que toute donation, faite par les père et mère à l'enfant naturel s'exécutera comme si elle était valable ; que les ascendants qu'on a voulu protéger ne pourront pas de leur vivant en provoquer la nullité : ce droit n'étant réservé par la loi qu'aux parents du donateur, héritiers pouvant concourir avec l'enfant naturel, pour recueillir la succession du donateur. « Cette incapacité ne pourra « être invoquée que par les descendants du donateur, par ses as- « cendants, par ses frères et sœurs et les ascendants légitimes de « ses frères et sœurs. »

La donation entre-vifs faite par les père ou mère à l'enfant naturel s'exécutera donc du vivant du donateur comme si elle était valable, et produira tous ses effets : mais, le décès du donateur venu, cette donation pourra être anéantie, à la demande des héritiers du donateur venant recueillir la succession en concours avec l'enfant naturel. Dans ce cas ce n'est pas un rapport qui est demandé à l'enfant naturel, c'est la nullité de la donation qui est prononcée : d'où des conséquences très importantes, dont nous signalerons les principales : 1° l'enfant naturel ne pourrait pas demander à imputer la chose donnée sur sa part héréditaire ; 2° les tiers acquéreurs tenant leurs droits de l'enfant naturel seront dépouillés du bénéfice de leurs acquisitions.

Mais si le père de famille le veut, la disposition de l'art. 908 (C. civ.) sera facilement tournée : ayant fait une donation entre-vifs, à son enfant naturel, le père peut par testament attribuer à l'enfant naturel les choses antérieurement données, et par la combinaison de ces deux dispositions, l'enfant pourra garder jusqu'à concurrence du disponible et d'une manière absolue, le bénéfice des libéralités entre-vifs qui lui auront été faites par ses père ou mère naturels.

En outre la solution de l'art. 908 nouveau présente un grave inconvénient : en proscrivant la donation entre-vifs, et en autorisant le testament, on laisse dans le doute la question de savoir si l'on peut donner le disponible à l'enfant naturel, par une donation par contrat de mariage : ces libéralités tiennent une place intermédiaire entre le testament et la donation entre-vifs : leur caractère irrévocable les fait considérer comme des donations, et n'y a-t-il pas à craindre qu'elles ne soient prohibées par la disposition de l'art. 908 (C. civ.)?

Ce point ne paraît pas avoir préoccupé le législateur.

Et puisque l'on abandonnait le principe restrictif du Code civil (ancien art. 908, C. civ.), n'aurait-il pas mieux valu autoriser au profit de l'enfant naturel et les dispositions testamentaires et les dispositions entre-vifs; l'ascendant n'aurait-il pas été protégé suffisamment par le droit commun, la nullité pour captation, l'action en ingratitude?

2° Dans quelle mesure les père et mère peuvent-ils restreindre les droits héréditaires de l'enfant naturel?

D'après le Code civil l'enfant naturel pouvait voir ses droits héréditaires réduits de moitié par l'application de l'art. 761 (C. civ.) « Toute réclamation leur est interdite, lorsqu'ils ont reçu « du vivant de leur père ou de leur mère la moitié de ce qui leur « est attribué par les articles précédents avec déclaration expresse « de la part des père et mère, que leur intention est de réduire « l'enfant naturel à la portion qui lui est assignée... » La Chambre des députés et le Sénat ont été d'accord à proposer l'abrogation de cet article. Voici les motifs donnés par le rapport de M. Dauphin : « Il suffit de se reporter aux paroles prononcées par un des « auteurs du Code civil pour reconnaître et réprouver le but que « l'on s'est proposé en édictant l'art. 761 : « Une pareille dona- « tion, dit M. Siméon, est utile pour l'enfant naturel qu'elle fait « jouir plus tôt et pour la famille qu'elle débarrasse d'un créan- « cier odieux. » Ces deux idées ne sont pas morales : la première est « l'autorisation d'abuser de la misère et des passions de l'enfant « pour lui enlever une partie de son patrimoine; la seconde est « la négation injurieuse des droits des enfants naturels qui se « présentent avec leur filiation et que la famille ne peut ni haïr, « ni exclure des partages réguliers. » On aurait pu ajouter que, dans la pratique, le fonctionnement de ce droit réservé aux père et mère avait donné lieu à de nombreuses difficultés.

L'art. 761 (C. civ.) ayant été abrogé, les père et mère peuvent-ils méconnaître complètement les droits de l'enfant naturel dans leur succession? Ce qui revient à se demander, si l'enfant naturel est dans la situation d'un héritier ordinaire, auquel on peut enlever ses droits héréditaires *ab intestat*, ou si, au contraire, il faut le ranger parmi les héritiers à réserve, au préjudice desquels ne peuvent s'exercer les libéralités que si elles ne dépassent pas le disponible.

Bien que le Code civil ne mentionnât pas expressément l'enfant naturel parmi les héritiers à réserve, la doctrine et la jurisprudence n'avaient pas hésité à proclamer que l'enfant naturel avait une réserve.

Les arguments étaient les suivants : *a*) L'art. 761 du Code civil, en autorisant, dans les conditions spéciales qu'il indiquait, la restriction à moitié des droits de l'enfant naturel, permettait de supposer que les droits de l'enfant naturel dans la succession de ses père et mère ne pouvaient pas être anéantis pour le tout, et qu'une réserve devait être reconnue à son profit. *b*) L'art. 757 (C. civ.), en fixant les droits héréditaires de l'enfant naturel dans la succession des père et mère à une quotité des droits qu'il aurait eus s'il eût été légitime, permettait de conclure que s'il eût été légitime, cet enfant aurait eu une réserve, et qu'il devait en avoir une, malgré sa qualité d'enfant naturel.

Il ne pouvait entrer, dans la pensée du législateur moderne de supprimer la réserve de l'enfant naturel. « Mais, comme l'art. 761 « (C. civ.) est abrogé, et manquera désormais à l'interprétation, « il y a lieu, pour éviter toute controverse, de poser le principe « en termes exprès... » (Rapport de M. Dauphin au Sénat). Et le Sénat, comme l'avait fait la Chambre des députés, a voulu consacrer expressément le principe de la réserve pour les enfants naturels.

Il ne suffisait pas sur ce point d'une proclamation de principe, il fallait encore déterminer la quotité de la réserve.

Sur ce point, le projet, voté par la Chambre des députés, avait donné une formule nouvelle, en fixant la réserve de l'enfant naturel à la moitié de celle des enfants légitimes. Le Sénat n'a pu accepter l'innovation : il a préféré consacrer le système accepté par la jurisprudence, qui, dans bien des cas, est plus favorable à l'enfant naturel, que le calcul nouveau par lequel on voulait le remplacer (rapport de M. Dauphin au Sénat).

La jurisprudence, en présence du Code civil, avait posé le principe suivant : puisque l'enfant naturel a, à titre héréditaire, une portion des droits qu'il aurait s'il était légitime, on peut en déduire et l'existence de la réserve et la détermination de la quotité de cette dernière, et celle-ci doit être à la réserve de l'enfant légitime, dans la même proportion où la part héréditaire de l'enfant naturel est à la part héréditaire de l'enfant légitime. L'enfant naturel, à titre d'héritier, a une quote-part des droits héréditaires qu'il aurait, s'il était légitime; il aura, à titre d'héritier à réserve, une quote-part de la réserve qu'il aurait eue, s'il eût été légitime.

De là l'art. 4 de la loi nouvelle du 25 mars 1896 : « Il est ajouté « à l'art. 913 du Code civil un paragraphe second ainsi conçu : « L'enfant naturel légalement reconnu, a droit à une réserve. « Cette réserve est une quotité de celle qu'il aurait eue, s'il eût « été légitime, calculée en observant la proportion qui existe « entre la portion attribuée à l'enfant naturel au cas de succes- « sion *ab intestat*, et celle qu'il aurait eue, dans le même cas, « s'il eût été légitime. » L'enfant naturel aura donc une réserve, et celle-ci sera, par rapport à la réserve qu'aurait eue l'enfant naturel, s'il eût été légitime, dans la même proportion que la part héréditaire de l'enfant naturel est à la part héréditaire qu'il aurait eue, s'il eût été légitime. C'était la doctrine et la jurisprudence; le législateur, dans le nouveau paragraphe de l'art. 913 (C. civ.), n'a voulu qu'en confirmer les résultats.

D'où les conséquences suivantes :

I. — *L'enfant naturel est appelé à la succession du père qui l'a reconnu, soit à défaut de parents au degré successible, soit à défaut d'ascendants, de frères et sœurs ou descendants légitimes de ces derniers* (art. 760, C. civ., modifié par la loi nouvelle).

Dans cette hypothèse la part héréditaire de l'enfant naturel ou des enfants naturels, est égale à celle qu'ils recueilleraient, s'ils étaient légitimes, et puisque leur part héréditaire, dans ce cas, est égale à la part héréditaire des enfants légitimes, leur réserve doit être égale à celle des enfants légitimes : elle sera donc de la moitié, s'il y a un seul enfant naturel venant à la succession; des deux tiers s'il y en a deux, et des trois quarts s'il y en a trois ou un plus grand nombre. Dans ce cas donc l'assimilation des enfants naturels avec les enfants légitimes est complète, et au point de vue héréditaire et au point de vue de la réserve.

II. — *L'enfant naturel est en concours avec les enfants légitimes de ses père et mère.*

Quelle est la quotité de sa réserve?

A. *Un seul enfant naturel, un seul enfant légitime.* — Si les deux enfants étaient légitimes l'un et l'autre, leur réserve serait des deux tiers de l'hérédité; or la part héréditaire de l'enfant naturel, en concours avec un enfant légitime, étant de la moitié de la part qu'il aurait eue, s'il eût été légitime, sa réserve doit être de la moitié de ce qu'elle aurait été, s'il eût été légitime. D'où il résulte que la réserve sera, dans ce cas :

1° Pour l'enfant légitime de 1/3 de l'hérédité (art. 913, C. civ.);

2° Pour l'enfant naturel de 1/6, moitié de la réserve qu'il aurait eue, s'il eût été légitime;

3° Le disponible est de 1/3.

Et le 1/6 enlevé à l'enfant naturel, à qui doit-il appartenir? Il semblerait, au premier abord que ce sixième n'entrant pas dans la réserve, devrait appartenir au légataire ou donataire de la quotité disponible; et il paraît bien certain que si le père de famille le lui avait formellement attribué, la libéralité serait valable. Mais, comme de l'art. 913 (C. civ.) il résulte que le disponible, au cas où il n'y a qu'un, deux, ou plusieurs enfants, ne doit pas dépasser la part de l'enfant légitime, on décide que le 1/6 enlevé à l'enfant naturel se partagera également entre l'enfant légitime et le titulaire de la quotité disponible.

B. *Deux enfants légitimes et un seul enfant naturel.* — La réserve de chacun des enfants devant être d'un quart, si tous les enfants étaient légitimes, celle de l'enfant naturel doit être de la moitié du quart, en vertu du principe posé plus haut, et le partage se fera de la manière suivante :

1° Enfant légitime (réserve).	1/4
2° Enfant légitime (réserve).	1/4
3° Enfant naturel (réserve).	1/8
Quotité disponible	1/4

Et le 1/8 enlevé à l'enfant naturel se partagera par égales portions entre les enfants légitimes et le titulaire de la quotité disponible.

S'il y a plus de trois enfants légitimes ou naturels, que décider?

On procèdera comme tout à l'heure, pour déterminer la réserve des enfants naturels, et la part à eux enlevée reviendra tout entière aux enfants légitimes, car, dans ce cas, quel que soit le nombre des enfants et leurs parts, le disponible ne peut pas dépasser le quart.

Si, au lieu d'un seul enfant naturel, il y en a plusieurs, on procèdera suivant les mêmes principes, en considérant fictivement et simultanément les enfants naturels comme s'ils étaient légitimes, et la portion retranchée aux enfants naturels viendra grossir la réserve des enfants légitimes ou les droits du bénéficiaire de la quotité disponible, suivant les distinctions faites tout à l'heure.

III. — *Enfants naturels en concours avec les ascendants légitimes du père ou de la mère qui les ont reconnus.*

Dans ce cas, on trouve en présence, venant à la succession, les enfants naturels, héritiers à réserve et les ascendants, héritiers à réserve du *de cujus*, suivant le droit commun. Que fallait-il décider?

Le problème à résoudre est délicat.

Quelle est la quotité de réserve accordée à l'enfant naturel? Si nous n'avions que le principe général posé par l'art. 913 § 2 (C. civ.) modifié, il faudrait en conclure que l'enfant naturel, en présence d'ascendants légitimes, ayant les 3/4 de l'hérédité, sa réserve, s'il est seul, doit être la moitié des 3/4, c'est à-dire 3/8, et cette réserve prélevée, on se demanderait si les ascendants, qui, aux termes de l'art. 915 (C. civ.), lorsqu'ils viennent à la succession, ont une réserve du quart ou de la moitié (suivant qu'il y a des ascendants dans l'une et l'autre ligne), la conservent et peuvent la prélever sur le restant de la succession.

Sur ce difficile problème la pratique était restée hésitante; quant à la doctrine, elle s'était rattachée, en grande majorité, au système indiqué par MM. Aubry et Rau, § 686, notes 17 et 18. Suivant ce système : la réserve de l'enfant naturel devait se prendre sur celle des ascendants avec lesquels l'enfant naturel se trouvait en concours, s'il y avait des ascendants dans les deux lignes; et s'il n'y avait d'ascendants que dans une ligne, la réserve de l'enfant naturel se prélevait pour moitié sur la réserve des ascendants et pour l'autre moitié sur la quotité disponible.

En acceptant ces principes, certains auteurs (Comp. Demolombe, t. XIX, n° 179) les modifiaient dans quelques hypothèses : de sorte que l'on pouvait dire avec Merlin, *Quest. de droit*, v° *Réserve*, t. V, p. 493, que la doctrine présentait *la contradiction la plus affligeante pour la raison et la plus embarrassante pour la justice.*

Ces théories sont laissées de côté, avec le nouvel art. 915, § 2 (art. 5 de la loi du 25 mars 1896).

Ce texte est ainsi conçu : « Lorsque, à défaut d'enfants légi-
« times, le défunt laisse à la fois un ou plusieurs enfants naturels
« et des ascendants dans les deux lignes ou dans une seule, les
« libéralités par acte entre-vifs et par testament ne pourront ex-
« céder la moitié des biens du disposant s'il n'y a qu'un enfant
« naturel, le tiers s'il y en a deux, le quart s'il y en a trois ou
« un plus grand nombre. Les biens ainsi réservés seront recueillis
« par les ascendants jusqu'à concurrence d'un huitième de la suc-
« cession, et le surplus pour les enfants naturels. »

Ces solutions sont faciles à comprendre et à expliquer. Leur formule ne présente aucune obscurité et la pratique en fera très facilement l'application. Le législateur moderne a donc eu le très grand mérite de présenter une solution qui ne soulèvera aucune difficulté.

Mais au point de vue théorique ce texte mérite plusieurs observations :

1° En fixant la réserve, comme il l'a fait, pour le concours des enfants naturels avec les ascendants légitimes, le législateur a abandonné le principe que rappelait l'art. 913 § 2 (C. civ.) modifié, de maintenir entre la réserve de l'enfant naturel et la réserve qu'il aurait eue, s'il eût été légitime, le même rapport qui existe entre sa part héréditaire *ab intestat* et celle qu'il aurait eue, s'il eût été légitime.

2° La situation des ascendants, dans le cas prévu par l'art. 915 § 2 (C. civ.), devient très précaire, un huitième de la succession à partager entre eux, s'ils sont en ordre utile pour le recueillir.

On peut regretter, à ce point de vue, le rejet d'un amendement présenté par M. Thézard au Sénat, deuxième délibération (*Officiel*, 22 juin 1895), afin d'ajouter à l'art. 205 (C. civ.), un paragraphe suivant lequel la succession devrait des aliments aux ascendants du *de cujus* dans le besoin, et si la réserve à eux faite était insuffisante à les leur assurer.

3° Enfin avec le nouveau système, au cas où il y a plusieurs enfants naturels, la part héréditaire et la réserve sont de même quotité, ce qui est contraire au système général du Code.

IV. — *Enfants naturels en présence de frères et sœurs de leurs père et mère ou de descendants légitimes de frères et sœurs.*

Si les enfants naturels viennent à la succession en concours avec des frères et sœurs du défunt ou avec des descendants légitimes des frères et sœurs, quelle est leur réserve?

A. *Un seul enfant naturel.* — Dans ce cas, la part héréditaire étant les 3/4 de ce que l'enfant naturel aurait eu, s'il eût été légitime, il en résulte que sa réserve devrait être de la moitié des trois quarts de sa part héréditaire, puisque s'il était légitime, sa réserve serait la moitié de toute la succession, sa part héréditaire. La part héréditaire étant donc des 3/4 de la succession, la réserve serait de la moitié des 3/4, soit des 3/8 de la succession : le disponible formerait les 5/8.

Rappelons que le père de famille peut donner, par testament, ce disponible à l'enfant naturel en tout ou en partie.

B. *Plusieurs enfants naturels.* — Rappelons, suivant ce que nous avons dit plus haut, que quel que soit le nombre des enfants naturels, leur part héréditaire à eux tous sera des 3/4 de l'hérédité. Si nous supposons deux enfants naturels, leur part héréditaire sera des 3/4 de l'hérédité, soit pour chacun d'entre eux de 3/8 de l'hérédité; leur réserve devrait être des 2/3 de leur part héréditaire, c'est-à-dire des 2/3 des 3/4 (puisque pour deux enfants légitimes la réserve est des 2/3 de la succession tout entière), c'est-à-dire 6/12 de la succession pour les deux enfants naturels, et de 3/12, pour chacun d'entre eux. Le disponible serait de 6/12 et on procéderait de la même façon s'il y avait plusieurs enfants naturels.

Ce système, qui cadrerait avec les solutions donnees sous le

Code civil (sauf la quotité), et avec le principe auquel se rattache l'art. 913 § 2 (C. civ.) modifié, n'est-il pas contredit par l'article 915 § 2 que nous venons d'expliquer? Nous le pensons ainsi: et nous croyons que le législateur, en rédigeant l'art. 915 (C. civ.) a voulu prévoir et l'hypothèse où l'enfant naturel est en présence d'ascendants (dans laquelle ceux-ci prélèvent 1/8 à leur profit) et le cas où l'enfant naturel est en présence des frères et sœurs du défunt ou de leurs descendants légitimes. Au reste ne serait-il pas illogique que la réserve de l'enfant naturel fût moins élevée en présence de frères et sœurs du *de cujus* (héritiers non réservataires), qu'en présence des ascendants du *de cujus* (héritiers à réserve)?

Mais le silence du Code et la mauvaise rédaction de l'art. 915, 2° (C. civ.), laissent la question douteuse, et nous allons présenter les solutions des deux interprétations :

Système du Code civil:	Art. 915, § 2, C. civ., modifié :
1 enfant naturel : part héréditaire 3/4 ; réserve 3/8.	D'après l'art. 915, 2°, la réserve serait de moitié 4/8.
2 enfants naturels : part héréditaire 3/4 de l'hérédité ; réserve 2/3 des 3/4, soit 6/12.	La réserve serait des 2/3, soit 8/12
3 enfants ou un plus grand nombre : part héréditaire 3/4 de l'hérédité : réserve 3/4 des 3/4, c'est-à-dire 9/16.	La réserve serait des 3/4 des biens, soit de 12/16.

La loi nouvelle n'a pas voulu résoudre toutes les difficultés des droits des enfants naturels dans la succession de leurs père et mère : elle a voulu « corriger ce qui était dans le Code civil trop « sévère pour eux : mais laisser la jurisprudence, comme elle l'a « fait jusqu'ici, trancher une foule de questions, que nous ne sau- « rions résoudre sans nous jeter dans les difficultés les plus gran- « des et sans exposer les tribunaux par un texte nouveau à des « embarras encore plus considérables. » Paroles de M. Dauphin, au Sénat, séance du 22 juin 1895.

Suivant cet exemple, nous n'avons voulu toucher dans notre commentaire, que les questions résolues par la loi nouvelle et constater les changements apportés ainsi à l'état antérieur.

Donc la théorie générale, élaborée par la pratique et la jurisprudence, reste en vigueur et des modifications n'y sont apportées que pour les hypothèses prévues par les textes nouveaux. C'est ainsi par exemple (cela a été reconnu au Sénat) que l'art. 337 (C. civ.) continue à recevoir son application en présence de la loi nouvelle.

Celle-ci, sans assimiler les enfants naturels aux enfants légitimes, a suivi le mouvement marqué par les législations étrangères (1) et a amélioré sensiblement la situation faite par le Code civil aux enfants naturels.

L'art. 9 de la loi nouvelle constitue une disposition transitoire de nature à éviter toute difficulté pour le passage de l'ancienne législation à la nouvelle.

Il est de principe que les droits des héritiers à une succession, la nature et le quantum de leurs droits, se déterminent, d'après la loi en vigueur au moment de l'ouverture. Donc toute succession à laquelle des enfants naturels reconnus pourront être appelés, si elle est ouverte avant la mise en vigueur de la loi nouvelle, restera soumise à la législation du Code civil ; toute succession ouverte après la promulgation de la loi nouvelle sera soumise à la législation nouvelle et quant à la quotité des droits et quant à la réserve et quant aux libéralités qui pourraient avoir été faites à l'enfant naturel.

« En ce qui concerne le calcul de la réserve des enfants naturels, la présente loi sera applicable à toutes les libéralités faites antérieurement à la promulgation. »

Si cependant pour une succession ouverte sous l'empire de la législation actuelle, les père ou mère avaient, suivant l'art. 761 (C. civ.), fait une libéralité à leur enfant naturel, déclarant que leur intention était de réduire l'enfant naturel à la moitié de ses droits *ab intestat ;* il y aurait droit acquis pour la famille légi-

(1) La nature de notre travail ne saurait comprendre de longs rapprochements avec les législations étrangères : au reste ce travail a été fait (Comp. Allart, *Condition et droits des enfants naturels*, étude de la proposition de loi votée par le Sénat le 27 juin 1895. Citons seulement : Code italien, article 743 ; Code portugais, art. 1989 à 1992 et 1785 ; Code civil espagnol, art. 939 et 840, 841 et 842 ; Code hollandais, art. 909, etc.

time à invoquer cette disposition, aujourd'hui abrogée, et l'enfant naturel n'aurait à réclamer que le supplément, s'il y avait lieu, pour parfaire la moitié de sa part héréditaire, telle qu'elle est déterminée par la loi nouvelle (Comp. art. 9, loi du 25 mars 1896).

Pour les enfants adultérins et incestueux, la loi nouvelle confirme le Code civil en ne leur accordant que des aliments (articles 762, 763, 764 et 908, dernier alinéa, C. civ.), sans laisser à leurs père ou mère la faculté de disposer en leur faveur au delà de leur droit alimentaire.

La loi nouvelle est ainsi une loi sage et modérée, et nous ratifions le jugement que portait sur elle au Sénat M. le garde des sceaux Trarieux : « Nous croyons que, prise dans son ensemble, « elle est de nature à réaliser un de ces progrès prudents et efficaces qui, sachant concilier tous les intérêts, peuvent seuls être « des progrès durables et auxquels la sagesse du Sénat est habi- « tuée à consentir. » (Séance du 18 mars 1895, *Journal officiel* du 19 mars 1895).

Paris. — Imp. F. Pichon, 282, rue Saint-Jacques, et 24, rue Soufflot.

www.ingramcontent.com/pod-product-compliance
Ingram Content Group UK Ltd.
Pitfield, Milton Keynes, MK11 3LW, UK
UKHW020535180726
13839UKWH00006B/2521